CONSEIL AUX FEMMES.

L'ART
DE S'EMBELLIR

ET DE
CONSERVER LA BEAUTÉ

Par PIERRE,
Le véritable ami des femmes.

PARIS
LIBRAIRIE POPULAIRE DES VILLES
ET DES CAMPAGNES.

Paris. — Typographie Walder, rue Bonaparte 44.

L'ART
DE S'EMBELLIR
ET DE CONSERVER LA BEAUTÉ.

Dieu seul donne la beauté, c'est un de ses dons les plus précieux : une belle figure, a dit un célèbre auteur, est la meilleure des recommandations ; un joli regard, un aimable sourire, ont gagné bien des causes.

J'admire la beauté, je voudrais que toutes les femmes fussent belles ; c'est après beaucoup d'étude que je publie ce petit livre, pour leur apprendre à conserver la beauté, si elles ont reçu ce don ; pour leur donner le moyen de s'embellir, si elles ne sont pas jolies.

DE LA BEAUTÉ.

CHAPITRE Ier.

Trois conditions sont nécessaires à la beauté :

La santé, la grâce et la fraîcheur.

La santé se conserve par la tempérance.

User, sans abuser : ni trop, ni trop peu.

Une jeune fille ne doit que bien rarement boire du vin pur : le vin épaissit le teint et le pousse au rouge.

Il faut autant qu'on le peut manger à des heures réglées, et jamais entre ses repas.

Point de petites friandises qui excitent l'appétit et font manger sans férum. Le résultat de ces gourmandises sont des gastrites.

Les gastrites rendent le teint jaune.

Il ne faut point manger trop chaud et il faut éviter toutes les boissons chaudes, elles gâtent les dents.

Une grande bouche avec de belles dents est agréable ; quelque jolie que soit une bouche avec des dents gâtées, elle est sans charme.

Se lever avec l'aurore, se coucher de bonne heure donne une bonne santé, entretient la fraîcheur et la gaîté.

La belle Diane.

Diane, duchesse de Valentinois, était encore si belle à soixante ans que le roi Henri II portait encore ses couleurs au tournoi dans lequel il reçut le coup mortel.

Cette femme célèbre par sa beauté se levait à six heures en été, à huit en hiver. Elle se lavait à l'eau froide sans employer aucune de ces pommades qui abîment la peau, sous le prétexte de la conserver. Elle montait à cheval quelque temps qu'il fît et se promenait deux heures.

Jamais elle ne mangeait de plus de deux plats et ne prenait qu'un gâteau.

Enfin elle conservait ses forces par l'exercice, et sa santé par la tempérance ; aussi sa beauté est devenue proverbiale.

Donc le premier moyen de conserver la beauté est de conserver la santé.

Sans la santé
Point de beauté.
Je plains la pauvre fille
Dont la maigreur
Détruit la fraîcheur,
Attriste sa famille.
Quand Jeanne chante et rit,
Chacun applaudit,
Sa gaîté provoquante,
La fait trouver charmante
Et cependant chacun se dit :
Sa beauté
C'est sa santé,
Sa gaîté, c'est tout son esprit.

DE LA GRACE.

CHAPITRE II.

Et la grâce plus belle encor que la beauté.

On ne se donne pas les traits réguliers, un beau teint, de belles dents, de beaux cheveux, mais on acquiert la grâce.

Pour avoir la grâce il faut se tenir droite sans roideur, avoir des mouvements doux sans lenteur; il faut, si l'on est jeune, avoir de la vivacité sans pétulance, et si l'on n'est plus jeune, de la dignité sans nonchalance; il faut surtout être simple.

L'affectation est une laideur et un ridicule.

La grâce pour être la grâce doit être celle qui convient à sa position.

La grâce du salon n'est pas celle du comptoir; et si le comptoir s'empare de celle du salon, ce n'est plus la grâce, mais de l'afféterie.

A la ferme, la grâce c'est la simplicité bienveillante, la vivacité engageante, mais sans coquetterie.

Partout la coquetterie est une laideur, puisque c'est une affectation et que toute affectation est un ridicule.

Irmis, la fermière.

HISTOIRE VÉRITABLE.

Irmis était grande et forte, bien bâtie, sa taille eût été remarquable si elle lui eût donné l'activité que réclame la force. Mais Irmis avait été à la même pension que mademoiselle Hortense d'Altémart.

Cette dernière avait des traits d'une régularité parfaite, un teint pur et transparent, une taille de roseau brisé. La pauvre enfant se mourait poitrinaire. Elle était d'une haute naissance, elle avait une immense fortune, elle était orpheline.

Hortense était entourée de mille soins, elle les recevait avec la grâce douloureuse d'une malade sans espérance : mais tout empruntait un charme divin à cette nature d'élite. Tout le monde la vantait, l'admirait, mieux que tout cela l'aimait.

Irmis s'ingénia à copier Hortense.

Elle balança sa forte taille comme celle de la frêle Hortense, et tandis que le balancement de la taille de la pauvre malade ressemblait aux ondulations gracieuses qu'imprime un faible vent aux épis déjà formés, celui que se donnait Irmis imitait le coup de vent qui ébranle le chêne.

La nature prodigue avait donné à Irmis une voix gracieuse, mais bien timbrée.

Hortense avait une voix douce, mais faible comme un soupir.

Irmis parla comme Hortense, et rien ne sembla plus ridicule que cette voix faible sortant de ce corps qui annonçait la force, cette voix étrange parut une infirmité.

L'habitude du grand monde avait donné à mademoiselle d'Altémart des manières dignes, mais une certaine grandeur qui tient à des habitudes de société.

Irmis copia Hortense : mais la douceur, la grâce de cette dernière adoucissait cette dignité qui semblait native, et comme tous les copistes, Irmis l'outra, sans chercher à se la faire pardonner.

Figurez-vous la forte et puissante Irmis, dans la maison de son père, avec ses manières mourantes, ses grâces maladives et sa voix éteinte, elle était ridicule et se croyait intéressante.

Constance, sa cousine, fille de fermier comme elle, vint passer quelque temps à la ferme du père d'Irmis.

La petite Constance, jolie brune, au gai sourire, à la taille droite et ferme, à la démarche vive et légère, à la parole accentuée, charma tout le monde.

« Mon Dieu! [dit Henri, le frère d'Irmis, ma sœur, ne saurais-tu soutenir ta forte taille, parler de manière qu'on puisse t'entendre sans prêter l'oreille; ta parole semble une plainte, cela attriste : Constance a l'air de chanter, son son de voix seul égaie.

— Mon Dieu! mon frère, quelle distinction a-t-elle?

— Comment, ma sœur, tu crois que l'alouette est moins distinguée que la tourterelle : l'une charme, l'autre fatigue, voilà tout.

— Tu fais tout avec nonchalance; quel courage inspireras-tu aux serviteurs et aux servantes, si tu ne parais pas prendre plaisir à diriger leurs travaux ? Crois-moi, Irmis, plaignons les malades mais ne les imitons pas; tu m'as parlé de mademoiselle d'Altémart, elle pouvait être charmante, mais ses grâces étaient celles d'une grande dame qui se meurt, et toi tu dois avoir les grâces d'une fermière qui se porte bien. »

Irmis n'écouta point son frère, elle se croyait charmante avec ses manières de poitrinaire.

Toute la famille fut à la noce magnifique d'un riche fermier des environs.

Un soir, Irmis se trouvait assise dans une tonnelle, les jeunes gens de la noce étaient assis en dehors, ils causaient : quel fut son désappointement quand elle les entendit se moquer d'elle impitoyablement ?

L'un imitait sa tournure, l'autre le son de sa voix, tous se riaient de sa dignité.

On parla de Constance ; tous vantèrent sa simplicité, sa gaîté. Un jeune avocat qui habitait la ville, et qui avait vu le monde, ajouta : « Constance, avec sa simplicité et ses grâces simples et modestes, serait bien partout : Irmis serait partout aussi ridicule qu'à sa ferme.

« Le monde n'aime pas les complaintes ; il ne pardonne les manières élégiaques à personne, la maladie les fait supporter ; mais les malades restent dans leurs chambres, et excepté les parents et les amis qui les soignent, les autres ne vont les voir que pour gagner les œuvres de miséricorde. »

Tous les jeunes gens applaudirent. L'avocat ajouta : « Que voulez-vous faire d'une femme indolente qui craint de se mouvoir, qui trouve beau d'être infirme ? »

Irmis était furieuse, mais dès le soir, elle dansa gaîment et parla intelligiblement.

Le lendemain elle marchait droite

et vite, elle essayait de l'activité et elle était gaie.

Son père et son frère étaient ravis, bientôt elle fut une gracieuse jeune fille, belle de force et de santé ; elle a compris que chaque état a sa grâce qui lui est propre, que la distinction vient des sentiments, et non du son de voix plus ou moins flûtée avec lequel on les exprime. Elle parle bien, elle accentue d'une manière distinguée, comme une personne qui a l'esprit cultivé, et non comme une niaise qui minaude.

Elle marche bien, elle est remplie de grâces, mais des grâces fortes que donne la santé, qui réjouissent tous ceux qui les voient, à moins qu'elles ne leur fassent envie.

La grâce est une enchanteresse,
Elle séduit sans nulle adresse :
Elle s'empare du cœur,
Elle charme les yeux ;
Et son accent doux et flatteur,
Rend tous ses propos gracieux.
Tout plait en elle,
La jouvencelle,
La demoiselle,
Et cette jolie vieille,
Qui nous sourit,
Et qui nous dit :
Amusez-vous, mes enfants,
On ne rit bien qu'au printemps.

DE LA FRAICHEUR.

CHAPITRE III.

Avec des traits irréguliers on peut effacer la beauté, si l'on a de la fraîcheur. La fraise odorante et vermeille charme les yeux, et ce petit fruit qui tapisse nos bois est la parure de la table des rois.

La jeune villageoise, avec son teint bruni et sa joue veloutée, est charmante.

Mais pour conserver ou acquérir ce charme, il faut une bonne santé teune bonne conscience; on acquiert une bonne santé par la tempérance, l'accomplissement de tous ses de-voirs donne une bonne conscience.

Il faut encore savoir mettre une digue à ses désirs : les désirs de for-tune, de rang, de toilette, enlèvent la tranquillité d'esprit, sans cette tranquillité point de fraîcheur.

Justine la jolie fille.

Justine, fille d'un petit vigneron, sans être belle, était charmante, et à plus de dix lieues à la ronde, on parlait de Justine, de sa fraîcheur, de ses yeux souriants, et de ses jolies dents d'ivoire.

Bientôt on oublia de l'appeler Jus-tine, on la nomma seulement la *jolie fille*. Justine gaie, rieuse, bonne et gracieuse, plaisait à tout le monde.

Tous les jeunes gens voulaient Justine pour leur femme, et tous les pères l'agréaient pour leur fille.

Quand on disait à Justine : « Faites un choix, » elle répondait : « Bientôt. J'ai le temps. » Forte, active, bonne et prête à tout, elle remplaçait sa mère à la maison, et aidait à son père dans les champs. Mais le soleil dorait ses joues, comme les moissons et les grappes vermeilles, sans ternir sa fraîcheur.

Tout le monde louait Justine, et cette louange lui monta au cerveau, elle se crut un grand mérite, et cette opinion en lui enlevant sa simplicité lui ôta son principal charme.

Bientôt elle dédaigna les jeunes vignerons qui la recherchaient. Il y avait un jeune clerc chez le notaire de la commune, homme bien élevé, mais sans fortune ; elle ambitionna la cour du Monsieur, et monsieur Leclerc, en s'apercevant qu'il était préféré, fut flatté.

Si Justine avait eu du bon sens elle eût pensé que la cour d'un homme au-dessus de son rang est un déshonneur, car c'est un amusement que l'homme cherche alors, et non un sentiment ; c'est si rare un sentiment vrai !

Mais Justine avait perdu le bon sens, elle fit de fausses démarches, accorda des rendez-vous à M. Leclerc, elle se cacha, et sa figure franche perdit son expression ; elle se sentit soupçonnée, elle en voulut

à ceux qui l'épiaient, et cette bien-
veillance accorte, son premier charme, disparut. Chaque fausse démarche lui enlevait une grâce, elle devint inquiète, bientôt ses sourcils se
contractèrent, une ride profonde se
plissa entre les yeux, et chaque jour
ses belles couleurs perdaient de leur
éclat.

Bientôt elle se crut malade ; elle
n'était point malade, mais elle avait
perdu la paix du cœur, le repos de
la conscience, cette beauté suprême
qui rend belle à tout âge.

Justine n'allait plus à l'église pour
prier, mais pour faire comme les
autres ; aussi la prière ne la conso-
lait pas, ne la soutenait pas. Elle
montrait sa toilette et voilà tout.

Un jour que Justine était très-parée, car elle avait pris le goût de la toilette (tout ce qui est mal se tient comme tout ce qui est bien), elle était triste et préoccupée. M. Leclerc était absent depuis quinze jours et il avait promis de ne rester que quelques jours dans sa famille.

Elle écoutait les publications de mariage avec indifférence, quand, tout à coup, tous les yeux se tournent vers elle, on annonce le mariage de M. Leclerc. Justine se sent défaillir, mais elle se roidit contre la douleur, et malgré la pâleur qui couvre ses joues jadis si vermeilles, elle fait bonne contenance.

Au sortir de l'église, toutes ses amies l'abordent : « Justine, savais-

tu le mariage de M. Leclerc ?—Oui, »
répond Justine avec assurance, et elle
se hâte de rentrer pour pouvoir pleurer en liberté.

Mais laisse-t-on pleurer tranquil-
lement la fille imprudente qui s'est
compromise ? Non. Tous les voisins
vinrent la demander sous mille vains
prétextes, et l'on disait : M. Leclerc
épouse une femme de son rang, une
femme qui lui apporte une dot pour
acheter son étude. Il a bien raison,
il faut faire sa position. Personne ne
plaignit Justine, mais on se moqua
d'elle, de sa présomption. Elle
croyait aux passions, disait-on, et
l'on riait.

Justine avec son repos avait perdu sa fraîcheur. Cette fille jaune,

maigre, à la physionomie triste et revêche, c'est celle qu'on appelait la jolie fille. Que n'a-t-elle gardé la paix du cœur, la bonne conscience, elle serait restée la fraîche et jolie Justine.

La rose est la reine des fleurs,
La terre s'embellit de ses riches couleurs.
Le papillon le plus volage,
Vient lui présenter son hommage,
Elle règne par son éclat,
Et même on dit, qu'en son état
L'on ne vit jamais de révolte.
La fleur de l'oranger, la fleur que l'on récolte
Voulut un jour la détrôner.
La rose se montra, et l'on vint l'adorer.
Ainsi la femme qui reste sage
Et se contente de l'hommage
De son époux,
Verra couler sa douce vie
Sans chagrins et sans envie,
Et sans jaloux,
En conservant la paix du cœur,
Et le repos, et la fraîcheur.

DE LA PROPRETÉ.

CHAPITRE IV.

La reine de la beauté serait dégoûtante, sans soins, sans ordre, sans propreté. En vous levant, que l'eau fraîche rende à votre teint sa fraîcheur.

L'eau pure, entendez-vous? toutes les préparations soi-disant pour conserver la peau l'abîment; c'est une spéculation de marchand, voilà tout.

Peignez-vous avec soin, rien n'est plus sale qu'une femme mal peignée:

on croit voir des cheveux sur tout ce qu'elle fait, rien n'est plus dégoûtant.

Ayez soin de changer de temps à autre la raie de vos cheveux, de peur de les fatiguer. Ne vous couchez jamais les cheveux attachés, cela les casse.

Ne changez que rarement la manière d'arranger vos cheveux, on prend mauvaise opinion des jeunes filles qui varient sans cesse leur coiffure.

Aujourd'hui en bandeaux, demain à la chinoise, après demain en tresses : elles prouvent leur grand désir de plaire, d'être trouvées jolies: c'est le vrai moyen de paraître laides.

Que vos cheveux soient bien peignés, bien lisés, que la racine des cheveux soit propre, voilà tout ce qu'il faut. Si vos cheveux tombaient, mettez une cuillerée à café d'eau-de-vie dans un verre d'eau et imprégnez vos cheveux, à la racine, de cette eau alcoolique ; faites ce remède tant que votre verre d'eau durera, en ayant le soin de couvrir votre verre pour que l'esprit ne s'évapore pas. Si un verre ne suffisait pas pour arrêter la chute des cheveux, recommencez le remède, en mettant toutefois quelques jours d'intervalle. Mouillez peu les cheveux : les personnes qui prennent l'habitude de les laver à grande eau, les perdent de bonne heure et les ont blancs toutes jeunes.

Ne faites jamais usage de farine de riz, de fard d'aucune espèce. Ces ingrédients détruisent la beauté de la peau, ils la grossissent et lui enlèvent toute fraîcheur.

Lucie ou la Peinture.

Lucie avait eu le malheur de faire la connaissance de la femme de chambre de madame de Saint-Géran. Cette fille lui avait raconté tous les artifices de toilette de cette dame, et Lucie, au lieu d'avoir pitié du peu de beauté de cette pauvre femme, qui avait besoin de tant de choses pour paraître passable, avait admiré toutes les ressources que l'art prête à la femme.

Lucie était brune, mais sa peau

fine avait un éclat extrême et ses couleurs, d'un rose pâle, étaient charmantes.

Lucie ne rêvait que le blanc de lait de madame de Saint-Géran, et la première fois qu'elle fut à la ville, elle acheta de la poudre de riz et du fard.

Et puis voilà Lucie qui se couvre le visage d'une légère couche de riz, et ses yeux, qui brillaient de gaîté entourés d'un cercle brun, parurent tristes avec le blanc qui les cerclait; alors elle pensa que le rouge leur rendrait leur éclat, elle en mit peu d'abord, ensuite un peu plus, et puis davantage, et elle finit par ressembler à une poupée.

On en riait, on s'en moquait, mais

elle ne s'en doutait pas, et son père, riche fermier, occupé de ses rudes travaux, ne croyait pas que sa fille fût capable d'une telle folie.

De temps en temps il lui disait : Je te trouve un drôle de teint; es-tu malade? Lucie répondait: Non, mon père. Et le bonhomme se disait: Diable, elle enlaidit bien; qu'y faire?

Si Lucie avait eu sa mère, certes elle se fût aperçue de la maladie de vanité et de sottise qui s'était emparée de la pauvre enfant; mais Lucie n'avait plus de mère.

Bientôt on annonça la noce de la simple et douce Fanny, amie de Lucie, et toutes les jeunes filles s'occupèrent de leur toilette.

M. Simon mit à la disposition de

Lucie une somme fort ronde, il était riche, et n'était point avare.

Lucie, au lieu d'acheter une toilette simple et convenable, voulut briller et écraser ses compagnes.

Elle se rendit dès le matin chez sonamie, son père ne devait la rejoindre qu'au bal.

M. Simon, paré avec son habit de vieille coupe, son beau gilet démodé, était bien; son visage, où se peignait cette franchise qui ne laisse pas soupçonner un détour, était aimé et accueilli de tout le monde.

Aussi il était habitué à un accueil sympathique; il fut donc tout étonné de surprendre quelques sourires qui se dissimulaient mal à son approche.

Il cherche dans son esprit, et il ne peut deviner ce qui produit cet effet dans sa personne; mais il entend répéter le mot de peinture.

Un jeune homme dit à un autre.

— Avez-vous dansé avec la peinture ?

— Non, répond celui-ci.

— Elle est par trop ridicule. Une fille honnête doit être mise aux petites-maisons , quand elle se barbouille ainsi le visage.

— Comment, dit M. Simon à ces jeunes gens qui lui sont inconnus, ici, à la campagne, il y a une fille peinte !

— Oui, mon cher monsieur, et on

dit que c'est la fille d'un honnête fermier.

— C'est bien affreux pour son père, reprend M. Simon, d'avoir une fille qui s'expose à un pareil ridicule.

— Voulez-vous me la montrer?

— Volontiers, et on lui indique une jeune femme qui danse.

— Ah! je ne la connais pas, dit M. Simon; mais à peine a-t-il prononcé ces mots, qu'un soupçon lui passe dans l'esprit; si ce teint lui est inconnu, ces traits, cette taille, c'est à Lucie.

Et cependant on rit aux éclats autour de lui, les quolibets les plus amers circulent dans la salle de bal.

— C'est une poupée, dit l'un. L'autre répond : Non, c'est un masque.

— Parbleu, dit un étranger à l'air hardi, au ton commun ; il faut que je lui enlève une partie de sa peinture ; ce sera plaisant !

Et le jeune étranger s'avance vers Lucie, que son danseur vient de reconduire à sa place.

M. Simon le suit inquiet : cette femme ridicule, n'en est pas moins sa fille.

— Pardon, mademoiselle, une araignée, dit le jeune homme en s'adressant à Lucie, et il appuie fortement son gant sur la joue de la jeune fille, et il fait semblant de marcher sur l'insecte qu'il a dû faire tomber.

Lucie troublée a fait un cri, tous

les yeux se tournent sur elle, et un immense éclat de rire retentit dans la salle.

Cette joue, sur laquelle est une large tache brune, fait clairement voir le fond de la peau.

M. Simon est furieux ! — Sotte ! dit-il. Et il court après l'audacieux jeune homme.

— Vous avez manqué à ma fille, dit-il, je ne le permettrai pas ; vous me rendrez raison de cette offense.

— Monsieur, je ne me battrai pas avec un homme de votre âge, répond le jeune fou ; je vous ferai des excuses, parce que vous êtes un honnête homme, et que vous n'êtes pas la cause de la sottise de votre fille.

M. Simon eut beaucoup de peine

à vouloir recevoir les excuses de l'étranger. Cependant on intervint, on le calma ; mais le bal avait été interrompu. Lucie était sortie morte de honte, de colère et d'inquiétudes, elle savait son père violent, elle craignait qu'il ne voulût point se contenter des excuses du jeune homme.

Combien maintenant elle-maudissait sa sotte coquetterie! à quelle humiliation sa vanité l'avait conduite! Comment supporter les reproches de son père, les sarcasmes de tout le monde?

Il fallait cependant retourner chez son père, ou rentrer dans le bal, elle s'était regardée dans une glace; elle se faisait horreur à elle-même: Pauvre Lucie!

M. Simon vint chercher Lucie. — Rentrons, dit-il, et calme, froid, il lui offrit le bras. Pendant la route il ne dit pas un mot à sa tremblante fille.

Seulement, de retour à la ferme, il lui dit : «Tous les jours vous vous laverez le visage devant moi, je ne veux plus être exposé à un semblable ridicule. »

Le lendemain, Lucie descendit sans poudre de riz, sans rouge; mais, hélas, ce n'était plus la jolie peau satinée qu'on admirait autrefois. Sa peau était grosse et sans éclat, et ses joues couperosées avaient de larges taches rouges, que le fard avait faites.

— Dans quel état vous voilà, lui

dit son père : c'est le juste châtiment de votre coupable vanité. Mais si vous êtes guérie, je me trouverai bien heureux de cette terrible leçon.

Jamais Lucie n'a recouvré la beauté de sa peau, et cependant jamais elle n'a remis de rouge. Elle est vieille, et on l'appelle encore la Peinture. Elle a perdu sa beauté et gagné un ridicule, voilà tout.

Cette histoire est parfaitement vraie : il est vrai aussi que la poudre de riz, en entrant dans les pores, les agrandit, que cette couche sur la figure, en détruisant l'élasticité de la peau, la durcit et lui enlève tout éclat. Quant au fard il agit avec âcreté sur la peau et la couperose.

Soyez donc ce que la nature vous

a faites, qu'une excessive propreté, le soin, le goût, l'ordre remplacent la beauté, la fraîcheur. Ils peuvent la remplacer et ils la doublent toujours.

J'ai vu des femmes qui n'étaient ni belles, ni jeunes, et qui plaisaient par leur propreté exquise. Dieu a mis l'eau à notre disposition. La femme qui n'est pas propre est paresseuse, ou manque d'ordre et de soin : l'un n'est pas plus excusable que l'autre.

O propreté, vertu charmante
Tu sais faire tout agréer ;
Et sur une nappe brillante,
Le pain bis se fait accepter.
Mais si j'aperçois une tache
Sur une étoffe de prix,
Aussitôt je m'en détache.

Je la repousse avec mépris.
Ainsi la bonté qui nous tente,
Sale nous ferait horreur :
Oh ! ne soyez pas imprudente,
Lise, ne me faites pas peur !

DÉCENCE, MODESTIE.

—

CHAPITRE V.

Le plus grand charme de la femme est la vertu, et le premier charme de la vertu est la décence.

Elle double la beauté, elle embellit la laideur.

Une femme douce et modeste plaît toujours. Donc si vous voulez être jolie longtemps, plaire toujours, soyez d'une décence parfaite.

Une femme hardie, qui manque aux règles de la bienséance, n'a d'une femme que le nom, dans quelques jours elle sera laide, ses traits se durcissent, leur expression cynique repousse.

Regardez une belle statue de la sainte Vierge, voyez quel charme est attaché à cette douce modestie, cette pudeur divine, cette décence qui ne permet pas à un pli de s'éloigner de ce beau corps. Voilà la beauté par excellence.

Et vous pouvez vous donner cette grâce suprême, ce charme que rien ne remplace.

Rappelez-vous que même les gens grossiers disent le proverbe :

> Jeux de mains ;
> Jeux de vilains.

Ne vous familiarisez jamais assez, pour qu'on ose se permettre ces jeux qui font perdre toute retenue. A l'instant qu'on ne vous respecte plus, on ne vous aime plus de la manière dont vous voudriez être aimée.

N'allez jamais au bal sans vos parents, ne permettez jamais un propos libre, un geste équivoque. Vous serez respectée et votre réputation croîtra de toute la colère des femmes éhontées qui se laissent tout dire, et qui croient plaire parce qu'on leur dit ce qu'on n'oserait pas penser devant une femme que l'on respecte.

Séraphine.

Séraphine avait le nez long, les yeux petits ; sa peau, plutôt grise que blanche, était sans éclat ; ses cheveux châtains fins, et soyeux, n'étaient ni longs ni épais ; sa taille n'était re- marquable que par sa souplesse.

Et cependant Séraphine était charmante : sa douce modestie, sa pudeur touchante, sa décence parfaite la rendaient belle.

Son doux regard peignait la candeur de son âme : on l'aimait en la voyant, et on la respectait.

La cousine de Séraphine se maria, et Séraphine fut à la noce, elle attira tous les regards, non par sa beauté, elle n'était même pas jolie ; mais par sa retenue, sa douce modestie.

Le jeune homme le plus hardi perdait son assurance auprès d'elle.

On admirait les belles jeunes filles, mais on se sentait attiré par Séraphine, et chacun des jeunes gens se disait qu'il eût été heureux de l'avoir pour femme.

On dansa, et Séraphine dansa avec une mesure, une retenue si parfaite, que tous les hommes étaient forcés de se tenir en sa présence d'une manière bien différente de leurs habitudes ordinaires.

Les autres femmes furent étonnées, et Louise, belle jeune fille, vive, agaçante, riant sans sujet, parlant sans cesse à tort et à travers, prétendit que Séraphine endormait ses danseurs, et que l'on ne dansait avec elle que par complaisance, elle organisa une petite conspiration de rires et de moqueries, elle se plaisait à faire le vis-à-vis de Séraphine et à faire un parfait contraste avec l'aimable jeune fille. Les gens sans réflexion riaient et les autres méprisaient l'étourdie qui se raillait de la vertu.

M. Delcour, riche fermier parfaitement élevé, le second jour de la noce se fit présenter à la mère de Séraphine, et lui demanda la main de sa fille.

— Mais, monsieur, savez-vous que je ne suis pas riche, je donnerai une fort petite dot à ma fille.

— Madame, je ne demande pas une dot, mais mademoiselle Séraphine. Je ne me trouve heureux de ma fortune, que parce que je puis l'offrir à une femme qui peut faire mon bonheur.

Madame Duval accepta avec joie.

Quand toutes les jeunes filles qui avaient ri de Séraphine surent qu'elle épousait M. Delcour, elle se raillèrent du choix de ce dernier.

Mais elles furent bien surprises quand elles entendirent tous les jeunes gens assurer que M. Delcour était bien heureux et qu'ils l'enviaient.

—Comment, dit Louise; mais vous dormiez en dansant avec elle ?

—Vous vous trompez, mademoiselle Louise, lui répondit un beau jeune homme fort gai, le respect n'est pas l'ennui, et le rire n'est pas l'amour. On rit avec tout le monde, on joue avec toutes les filles, mais on n'épouse que celles avec qui l'on ne joue pas.

— Oh! M. Paul, c'est très-poli et très-flatteur ce que vous dites là.

— Je n'ai pas envie de vous flat-
ter, mademoiselle Louise, assez
d'autres vous ont flattée et se moquent
de vous.

—Comment! se moquent de moi !

— Eh oui, mademoiselle , une
jeune fille qu'on traite en camarade
peut être certaine qu'on l'aime peu :
le sentiment qu'inspire une femme
doit être sérieux; quand il fait rire,
c'est une plaisanterie dangereuse,
voilà tout.

— Comment, M. Paul, vous pensez
cela ?

— Oui, mademoiselle Louise. Est-
ce que vous croyez que ces filles qui
s'en vont toutes seules à la danse, qui
reviennent avec des jeunes gens
soient des personnes très-respecta-

bles. Eh, quel homme serait assez fou pour choisir pour sa femme une femme qui n'inspire pas de respect?

— Me respectez-vous, M. Paul?

— Non, mademoiselle Louise, mais je voudrais vous respecter.

— Comment, vous riiez de tout ce que je vous disais sur Séraphine?

— Certainement, vous étiez envieuse de si bonne foi, que je riais en me disant: Voilà bien les femmes, prêtes à mordre tout ce qui est bien dans leurs campagnes, et à débiter tout ce qu'elles savent de mal. C'est très-comique. Et puis, j'ai eu pitié de vous, quand j'ai entendu tous les jeunes gens dire que vous étiez méchante, étourdie, remplie de vilains

défauts dont vous n'avez que l'appa-
rence.

— Comment, M. Paul, tous ces messieurs qui me font tant danser parlent ainsi de moi ?

— Oui, mademoiselle Louise ; changez de manière d'être et ils se-ront forcés de changer de langage ; mais ne permettez plus qu'on vous tourne comme une toupie, qu'on vous tienne des propos lestes, qu'une jeune fille n'aurait jamais dû enten-dre.

Louise pleura beaucoup; mais cette dure leçon lui profita, elle devint douce, modeste et réservée. Pendant longtemps elle eut encore à souffrir des manières des jeunes gens, ils avaient pris l'habitude de la traiter en camarade ; et quand elle voulut les remettre à leur place, ils lui dirent, avec assez de raison, qu'elle les avait autorisés ; et que s'ils lui disaient des choses dures, elle l'avait bien mérité.

Elle eut le courage de convenir qu'elle avait eu des torts, mais qu'elle était décidée à ne plus les avoir.

Elle tint à ses résolutions, et bientôt on la cita pour sa bonne tenue ; elle conserva la gaîté qui convient à une jeune fille, cette bonne humeur qui anime le travail, sait vaincre les difficultés et supporter les avis et les réprimandes.

Enfin elle devint aussi raisonnable qu'elle était étourdie, et elle répétait: Quel bonheur que Paul m'ait

dit la vérité ! je me croyais charmante et j'étais ridicule.

Paul, un an après cette conversa-
tion, vint un jour la saluer. — Oh,
M. Paul! lui dit-elle, que je vous ai
d'obligation, vous m'avez rendu un
grand service, vous m'avez appris à
me connaître.

— Oui, lui dit Paul; je vous ai dit ce
que votre conscience vous aurait dit
si vous aviez pris l'habitude de l'é-
couter, ce que tout le monde disait
autour de vous; car une femme n'est
jolie qu'autant qu'elle est une femme.
Si elle renonce à son sexe elle en
perd les prérogatives, un homme ne
m'inspire pas d'amour. Je ne vous
aimais pas, mademoiselle Louise, et
maintenant je vous aime, car vous

n'êtes plus mon compagnon, et je serais heureux, si vous vouliez bien devenir ma compagne. Louise accepta. Et elle disait à toutes les jeunes filles. Mes amies, croyez-moi, soyez femmes, on y gagne toujours : on obtient d'abord le respect, ensuite l'amour.

La candeur et l'innocence,
La modestie et la décence,
Sont un diadème brillant
Qui touche plus le cœur
Que le charme puissant
De la beauté qui nous enchante
Et qui croit son attrait vainqueur :
Le regard doux et la voix caressante,
Devient un appas séducteur ;
Ce charme est celui des anges,
Il sait apaiser la douleur ;
Du Seigneur il dit les louanges,
Du ciel il promet le bonheur.

DE LA TOILETTE.

LA PARURE, L'ÉLÉGANCE, LE SOIN, L'ORDRE.

CHAPITRE VI.

Le chapitre de la toilette est important. On n'est pas jolie par la parure, mais l'art de bien se mettre dissimule les défauts et augmente la beauté: donc on doit savoir bien se mettre.

La grande erreur des jeunes filles est que la parure est toujours avantageuse, tandis que telle femme est mieux avec un bonnet villageois qu'avec des rubans pavolants.

Celle-ci est plus jolie avec sa marmotte, qu'avec de belles dentelles ; ce qui sied est la plus jolie parure.

●

Surtout, que votre parure soit en harmonie avec votre position. Rien de trop : ne ressemblez pas à ces jeunes folles sans cœur, qui laisseraient leurs parents sans pain pour acheter une ceinture.

Un monsieur respectable disait à une de ces étourdies : Ma chère enfant, quand je vous ai vue sortir de chez vous, je vous ai prise pour une dame de charité, qui venait de faire l'aumône à vos pauvres parents. Cette dure épigramme était méritée par l'insensée qui se parait quand ses parents manquaient du nécessaire.

Quant à vous, parez-vous suivant votre fortune et votre position.

Une jeune fille dont le visage et les mains sont d'une excessive propreté, qui a du linge blanc, les cheveux bien peignés, une robe simple mais bien faite et bien mise, pas une tache, pas un faux pli , des bas bien blancs, des souliers bien cirés, si cette fille a une tenue gracieuse et modeste , eût-elle une robe de cent sous, elle sera élégante.

La cherté de l'étoffe, sa valeur réelle, ne fait que peu de chose à la grâce de la toilette. Les marchands et les couturières affirment le contraire. C'est leur intérêt qu'ils défendent. Comment voulez-vous qu'un marchand préfère une jolie robe de toile rose ou bleue à une lourae robe de soie? Jamais! Mais tous les gens de goût préféreront une jeune fille fraîchement parée de cette simple indienne, à la robe qu'autrefois une jeune fille n'aurait jamais voulu mettre. Cela vieillit.

Premier inconvénient, une toilette riche vieillit;

Deuxième inconvénient, elle enlève du naturel, de l'aisance à la tournure;

Troisième inconvénient, elle triple la dépense, et éloigne les hommes qui pourraient penser à vous épouser.

DE L'ÉLÉGANCE.

—

CHAPITRE VII.

L'élégance est une grâce, c'est presque un don naturel. Mais on peut acquérir cette grâce. C'est une manière de placer chaque chose à sa place de la manière la plus gracieuse à l'œil, sans affectation et sans négligence ; l'affectation est un ridicule, la négligence un désordre.

L'élégance plaît sans chercher à séduire, c'est un charme.

Le lis majestueux est élégant quoiqu'il soit raide, la rose est pleine

d'élégance avec ses pétales parfu-
més, le jasmin est élégant dans sa
simplicité ; l'herbe de nos prairies,
quand le vent la fait onduler, est
remplie d'une molle élégance, et le
lierre, qui recouvre les ruines, leur
donne une souveraine parure.

Puisque Dieu a paré toute la nature, l'élégance lui plaît.

Soyez donc élégantes, mais par
votre manière de porter vos effets,
et non par la richesse de l'étoffe.

Ne ressemblez pas à ces sottes
filles qui se parent comme des au-
tels et qui se croient élégantes quand
elles sont affublées.

Un peintre célèbre fit un tableau
qui représentait la beauté, mais il
fit sa divinité très-ornée ; et un autre

peintre, mais bien plus habile, dit en voyant le tableau : Ne pouvant faire une femme belle, tu la fais riche.

N'imitez pas ce peintre, la richesse ne remplace ni la beauté, ni la grâce, ni l'élégance.

Vous ne pouvez vous rendre jolies, mais vous pouvez être gracieuses et élégantes.

LE SOIN ET L'ORDRE.

CHAPITRE VIII.

Placer chaque chose à sa place, c'est de l'ordre : mais cela ne suffit pas. Lise rentre de la promenade; elle place dans la garde-robe son manteau, elle serre son bonnet dans l'armoire; mais en plaçant son manteau elle n'a pas remarqué qu'elle chiffonnait une robe, et ramassant son bonnet, elle a froissé les garnitures. Elle manque de soin. Le soin conserve. Voyez Victoire, cette robe si fraîche date de trois ans, mais elle n'a pas une tache, pas un accroc. Ce châle a dix ans, il est comme neuf; mais chaque fois que Victoire rentre, elle secoue son châle, elle le ploie, pour tous ses effets elle a le même soin. Aussi tout lui dure, et elle a une garde-robe; la femme peu soigneuse n'a jamais rien : elle met au rebut tout ce qui n'est pas neuf pour ne pas le raccommoder. Une femme sans ordre est une ruine, elle salit, use, ternit. Elle fait la soupe avec sa belle robe; avec un bonnet tout frais, elle se met au-dessus d'un fourneau; elle perd, égare, passe son temps à chercher, prend de l'humeur, gronde, quand elle seule devrait être réprimandée.

Une femme sans ordre est tou-

jours pressée, car elle cherche toujours.

En rentrant, elle court au feu avec son beau châle. Le feu allait mourir, dit-elle; et pour hâter d'une minute le bouillon qui était au feu, elle brûle les deux bouts de son châle.

Une autre fois, pour ouvrir vite une armoire, elle brouille la serrure; elle court rincer les verres, elle glisse et les casse.

Enfin, toujours affairée sans rien faire, la femme sans ordre dissipe son temps et son argent, et le temps c'est le bien le plus précieux, car c'est la chose que personne ne peut vous donner.

Euphrasie l'élégante,

OU LA RAGE DE LA TOILETTE.

Euphrasie était la fille d'un petit vigneron de la Bourgogne, et la vigne du père Claude ne lui fournissait, même les bonnes années, que le strict nécessaire.

Jenny, l'aînée de ses filles, était une fille d'ordre et d'économie, propre, soignée, mais en indienne foncée ; elle était à tout, elle soignait le ménage, et comme elle était adroite et rangée, ne cassant jamais rien, tout lui durait.

Sa sœur Euphrasie ne rêvait que toilette : même en été, elle s'affublait de tous les jupons qui lui tombaient sous la main, pour remplacer la crinoline qu'elle convoitait. Si elle achetait une robe, c'était une robe parée ; et, quoiqu'il y ait trois cent six jours ordinaires, et seulement cinquante-quatre jours fériés, elle n'achetait que pour ces jours de parure, dont il faut retirer encore les dimanches pluvieux, les jours de neige, et ceux où des indispositions, des circonstances imprévues, vous empêchent de vous habiller.

Aussi Euphrasie avait une garde-robe des dimanches et était à peine vêtue les jours de la semaine.

M. Cazeville acheta la ferme qui bordait la vigne de Claude. Auguste Cazeville, le fils aîné du fermier, fut à la danse et dansa avec Euphrasie. Les jours suivants il la rencontra ;

mais il ne reconnut nullement dans la jeune fille à peine vêtue la jeune élégante qu'il avait fait danser. Mais il remarqua la bonne tenue, le soin et l'ordre qui distinguaient Jenny.

Bientôt Auguste fit demander l'entrée de la maison du père Claude en exprimant le désir d'offrir sa main à Jenny.

Euphrasie, au bout de quelques jours, exprima à Auguste son étonnement qu'il ne l'eût pas reconnue.

— Mais, lui dit Auguste, je vous prenais pour la servante de Jenny, à qui elle prêtait des robes pour s'habiller. Comment voulez-vous que je pusse croire que l'on soit en haillons six jours par semaine pour se parer le septième, je ne pouvais croire qu'à l'impossibilité de faire autrement et non au choix.

Euphrasie eut honte, et alors voulut porter les jours ordinaires quelques robes des dimanches. Mais ces robes, trop salissantes, trop faibles pour résister aux rudes travaux de la campagne, furent ternies aussitôt; la pauvre Euphrasie s'aperçut trop tard que quand la raison ne préside pas aux achats, on veut en vain changer la destination de ses emplettes.

Rien ne corrige la folle vanité.

Jenny épousa Auguste. Euphrasie, au lieu de se contenter de ce qu'elle avait pour la noce, employa tout son argent à acheter de nouvelles parures.

Claude mourut, on vendit la vigne pour payer les dettes. Euphrasie fut obligée de se mettre en service ; mais les bonnes maisons ne la voulurent pas parce qu'elle n'avait pas un fonds de toilette convenable ; les autres, parce qu'elle était trop élégante.

Enfin son beau-frère lui dit :

—Euphrasie, veux-tu me croire : vends toutes ces friperies, achète deux bonnes robes et viens chez nous. Il y a peu de beaux dimanches, une robe d'habillé suffit.

Euphrasie le crut, et quand on la vit raisonnable, on rendit justice à ses bonnes qualités, que cette folle manie avait fait nier.

Vous qui comptez les fêtes,
Vous êtes des enfants,

Si vous les regardez comme jours de conquêtes.
Vous vous êtes parée? Mais tous les assistants
Avaient pris comme vous leur habit du dimanche:
Jeanne a sa robe bleue, Claire sa robe blanche.

La fête est un bouquet de fleurs
Qui éblouit les yeux, et qui charme les cœurs.
Mais si vous voulez plaire,
Que de l'ordre et du soin le charmant ordinaire
Vous présente toujours
De propreté parée,
Et belle sans atours ;
Vous serez vraiment distinguée,
Vous fixerez le souvenir,
Et préparez votre avenir.

LES DENTS, LES PIEDS, LES MAINS.

—

CHAPITRE IX.

Nous l'avons déjà dit, les dents blanches et bien rangées, sont une des beautés de la femme.

Les boissons chaudes gâtent les dents.

Les bouillies trop chaudes, les pommes cuites, mangées bouillantes, produisent le même effet.

L'habitude qu'ont les jeunes filles de se promener, le soir, en cheveux, après une journée chaude, quand la terre laisse échapper des émanations humides, leur fait attra-

per des fluxions, les fluxions gâtent
les dents.

Il est facile de mettre une marmotte pour se promener le soir, il
est tout aussi facile de ne manger
quetiède. De sages précautions pri-
sessans affectation, conserveraient
une partie essentielle des avantages
les plus riches et les plus nécessaires
de l'organisme humain.

Les douleurs de dents sont intolé-
rables, elles enlèvent jusqu'à la fa-
culté de penser; il faut donc faire
tout son possible pour les prévenir.

Ne vous lavez les dents avec aucune poudre, presque toutes sont
dangereuses; une brosse douce et de
l'eau pure, présentée au feu en hi-

ver, mais à peine dégourdie : voilà ce qui conserve le mieux les dents.

Il y a malheureusement une foule de remèdes ; je n'en connais pas d'efficace. Une tasse de tilleul calme une légère douleur et ne soulage pas quand on en éprouve de violentes.

Les mains sont exposées aux engelures et aux crevasses.

Quand vous sentez le sang se figer par le froid, frottez fortement vos mains ; chauffez-les rarement ; soyez adroites ; **les** personnes adroites ont rarement **des** crevasses aux mains.

Les personnes maladroites ont toujours des bobos.

Savonnez vos mains quand elles

en ont besoin, mais seulement dans ce cas ; le savon employé trop souvent abîme la peau.

No portez jamais des souliers trop étroits, ils donnent des cors et une mauvaise tournure, et certes, un pied un peu plus étroit ne compense pas l'avantage que procure une tournure légère et gracieuse.

Caliste. —HISTOIRE.

Les demoiselles de Saint-Félix avaient une immense fortune, mais cette grande richesse ne leur avait pas procuré une bonne éducation.

Leur institutrice les avait flattées, et ces pauvres jeunes filles étaient pauvres de tout ce qui fait la femme distinguée.

Elles n'avaient que peu d'intelli-
gence, point d'instruction et elles
s'imaginaient que leurs toilettes suf-
fisaient à les classer.

Caliste était la fille de la cuisi-
nièredu château, elle était la femme
de chambre de ces demoiselles et
elle les copiait.

Bientôt on parla de marier mesdemoiselles de Saint-Félix et le château se remplit d'invités.

Les magnificences des corbeilles
étaient l'unique sujet des conversa-
tions du salon, de la lingerie et de
la cuisine.

Qui pourrait dire les enchante-
ments, les admirations, les désirs
de Caliste?

Rêves éveillée, rêves pendant le sommeil, la vie de Caliste était concentrée dans ces corbeilles, et, qui plus est, elle croyait bonnement que tout le monde partageait ses sentiments.

Un soir, elle arrosait quelques fleurs qu'elle soignait avec plaisir, derrière un bosquet, et tout d'un coup Caliste entendit les prétendus de ses maîtresses prononcer leurs noms ; l'intérêt et la curiosité la clouèrent à sa place.

— Vraiment, disait M. de Rougemont, qui épousait l'aînée, mon cher de Vertillac, je me meurs d'ennui, et si je ne devais pas être ton beau-frère, je ferais ma révérence à ma divine fiancée.

—· Crois-tu, mon cher, que je m'amuse davantage! Ces femmes ne parlent du matin au soir que de robes, de gants, de bottines, et encore, elles ont mauvais goût ; elles portent des gants trop étroits, et trop courts, des mains dans cette proportion seraient une infirmité.

Leurs bottines les blessent, j'ai toujours envie de dire en regardant leurs pieds : Pauvres petits, que je vous plains.

— Et quelle tournure cela leur donne ! répliqua Rougemont, mais elles ne savent pas que la grâce tient à l'aisance.

— Patience, quelques jours encore et puis nous partons pour Paris et pendant qu'elles se parcront, et qu'elles se rendront ridicules en se croyant adorables, nous nous amuserons avec les dots.

Un cri, de l'autre côté du bosquet, avertit Caliste qu'elle n'était pas la seule qui eût entendu cette profession de foi odieuse ; car il est infâme d'épouser une femme avec l'intention de ne pas faire son amie, sa compagne de cette femme; alors vous êtes un voleur, vous lui prenez sa fortune et vous ne lui portez rien en retour. Elle vous a épousé de bonne foi, en comptant partager tous les avantages que vous procure sa position. Si vous lui aviez dit : Je ne veux que votre fortune, je veux m'amuser, je vous donnerai le moins possible de votre bien et je me procurerai toutes les jouissances possibles, certes, la femme eût rejeté une semblable proposition. Mais non, vous avez promis de faire son bonheur, et vous lui volez sa dot et sa liberté.

Les demoiselles de Saint-Félix outrées congédièrent les fiancés de leur fortune et rendirent les corbeilles. Les invités s'envolèrent, et le château parut s'endormir.

Mais cette triste expérience apprit à ces demoiselles que les frivoles avantages qu'elles avaient enviés ne faisaient pas aimer. Elles pensèrent alors à former leur cœur et leur esprit. Elles renoncèrent aux bottines

qui les blessaient, aux gants qui ne
leur permettaient pas un mouvement
et Caliste s'étonna de la grâce et de
l'aisance qui remplacèrent l'afféterie
et la maladresse. Sa surprise fut encore plus grande quand elle les vit
renoncer aux poudres, aux cosmé-
tiques et qu'elle s'aperçut qu'elles
embellissaient au lieu de perdre de
leurs avantages.

Cependant elle avait hérité de
tous leurs savons, et elle en fit
usage. Elle voulut porter les bottines étroites, les gants qui compri-
ment la main; et la vive et agile
Caliste devint lente, incapable; elle
laissait tomber un bijou qu'elle
était inhabile à retenir; quand elle
voulait courir, sa chaussure l'aver-

tissait qu'elle devait prendre des précautions.

Ses maîtresses riaient un jour de sa maladresse ; car en perdant leurs tortures, et en cultivant leur esprit et leur cœur, elles avaient repris de la bonne humeur. « Ma chère Caliste, je te plains beaucoup, je te vois mes bottines, tu t'estropies, tu y gagneras des cors, une mauvaise tournure et une humeur maussade. — Ce n'est pas le tout, ajouta la seconde des demoiselles de Saint-Félix ; quand Caliste nous accompagne elle se gante si juste, qu'elle ne peut présenter une épingle. Crois-moi, Caliste, ne fais pas notre seconde édition. Nous essayons de réparer le temps perdu, de conquérir les grâces naturelles que Dieu donne à la jeunesse. Mais regarde, voilà nos dents qui se gâtent, c'est la poudre dont nous nous servions qui a enlevé l'émail; nous marchons encore avec peine, les cors que nos chaussures nous ont donnés ne sont pas encore guéris. Qu'avons-nous gagné à tous ces martyres? des ridicules, que notre fortune ne nous a pas fait pardonner, et des souffrances que nous ne pouvons faire disparaître.

Caliste comprit enfin que la tournure gracieuse et légère est plus agréable à la vue qu'un pied serré; que l'aisance et l'adresse remplacent avantageusement une main renfermée dans un étau.

Mesdemoiselles de Saint-Félix devinrent bonnes, aimables, instruites, elles se mirent avec goût, mais elles surent causer, comprendre, écouter. Et Caliste vit paraître au château des fiancés de cœur et non de fortune. Elle comprit alors que la toilette est l'accessoire et non la femme, et que si un homme attache un grand prix à ce frivole avantage il faut en attacher très-peu à l'homme.

> Pauvres petits, que je vous plains !
> Disait un jour, l'âme attendrie,
> Un beau jeune homme, et que je crains
> Qu'à jamais l'on ne vous estropie !
>
> Quel triste objet touche votre âme
> Et peut vous forcer à gémir ?
> Je veux partager votre alarme ;
> Si vous souffrez, je veux souffrir.

Quoi ! vous rendriez l'espérance
A de malheureux prisonniers,
Qui, dans la gêne et la souffrance,
Passent souvent des jours entiers.

Oh ! si je peux leur être utile,
Je suis prête à me dépouiller.
Ah ! cela vous est bien facile,
Ma chère, ôtez votre soulier.

DE LA BEAUTÉ DE LA TAILLE.

CHAPITRE X.

La proportion est la beauté : et l'on voit une grande femme essayer de se rendre mince comme sa compagne plus petite de cinq à six pouces ; cependant si elle réussissait à cette tâche, l'une des deux serait mal faite, car les proportions doivent être différentes.

Rappelez-vous cela, et surtout ne vous serrez pas. La taille doit être soutenue et non comprimée.

Une femme bien faite gagne en

beauté tout ce qu'elle perd en garnitures, en franges, en falbalas.

Les crinolines déforment au lieu
de parer; la plus mal faite soutient
la comparaison avec la mieux bâtie,
mais ce n'est à l'avantage que de la
laideur.

Prenez garde d'attraper des fraî-
cheurs. Les crinolines seront cause
de bien des rhumatismes ; ayez toujours soin quand il fait froid de porter un jupon de laine sous la crinoline, car rien n'est plus dangereux
que les refroidissements

Les corsets doivent ne vous gêner
de nulle part, votre respiration doit
être libre.

Vous gagnerez à cela de l'aisance

et de la grâce et bien plus encore, de la santé.

Les corsets qui gênent font lever les épaules, dérangent l'économie de la taille et sont une véritable disgrâce. Quand on se serre on comprime les côtes : la nature contrariée fait du corps comme d'une plante que l'on s'obstine à resserrer, elle l'abandonne et la plante s'étiole et meurt ; le corps est ainsi, il a besoin de liberté et de mouvements.

La belle Aline,

DE PONT-SUR-YONNE.

Pont-sur-Yonne est une petite ville de Bourgogne doucement assise sur le bord de la rivière qui lui a donné son nom.

Sa situation est charmante, et l'on ne comprend pas que les étrangers attirés par ce site enchanteur, ne soient venus s'établir dans ce séjour.

Cependant à la longue on s'aperçoit du motif qui éloigne les étrangers, c'est que dans cette localité, comme en Bretagne, au bout de vingt ans vous êtes étrangers, fussiez-vous de la commune voisine.

La jeune Aline était de Sergines, gros bourg à six kilomètres de Pont.

Sergines est un bourg riche, et cependant l'on ne peut concevoir qu'on se soit avisé de bâtir dans ces conditions, sur le sommet d'une colline sans arbres et sans eau, brûlé par un soleil ardent en été, désolé par un vent âpre et froid en hiver.

Aussi les Pontois dédaignent les habitants de Sergines, qui n'ont ni leur belle rivière, ni leurs frais ombrages.

Mais les Serginois sont aussi beaux que les Pontois, et les femmes d'une localité ne le cèdent en rien à celles de l'autre.

Aline était grande, forte, bien bâtie, elle attira l'attention des jeunes gens de Pont, et les jeunes filles la trouvèrent trop épaisse. Elles lui reprochèrent ses belles épaules arrondies, ses beaux pieds bien dessinés, ses mains gracieuses, ses longs doigts en fuseau ; que ne lui reprochèrent-elles pas ?

Aline était simple, on lui conseilla de se serrer, car les filles de Pont comprennent tellement peu le mal qu'elles se font, qu'elles vont laver à la rivière en corset, elles se cassent la poitrine avec le busc qui les repousse quand elles sont forcées de se ployer.

Aline refusa d'accéder aux exhortations des ses compagnes.—Me serrer, disait-elle ; qu'y gagnerais-je ? je serais plus mince d'un pouce à la ceinture et mes épaules paraîtraient plus hautes et plus grosses, j'y perdrais. — Les Pontoises se moquèrent ; elles se moquèrent tant, qu'elles attirèrent l'attention sur Aline, et un gros fermier voulut qu'on lui montrât la jeune fille.

— Eh ! mais, dit-il, cette jeune personne n'est que proportionnée : elle est grande, elle est plus épaisse que ne le serait une chétive fillette. Mais les murs d'une église doivent être plus épais que ceux d'une cabane, et ceux d'un palais le sont plus que les légères parois d'un châlet.

— Ah ! monsieur Louis nous compare à des cabanes, à des châlets, et mademoiselle Aline à un palais ou à une église.

— Mais, reprit une seconde interlocutrice, il pourrait aussi bien la comparer à une forteresse : les murs sont encore plus épais.

— Et résistent davantage, reprit le fermier ; croyez-moi, mesdemoiselles, que pour tous les hommes, rien ne peut remplacer la santé; mais pour l'homme de la campagne, quel malheur peut égaler la mauvaise santé de sa femme? qui soignera sa maison, ses enfants? et, quand il rentrera fatigué, harassé, quand il a besoin de comfort, de joie, il trouve du désordre et des plaintes : C'est désolant. Mademoiselle Aline annonce la force et la santé, elle ne tient pas aux modes sottes et vaines, bonnes tout au plus pour les folles poupées des grandes villes; je vais la prier d'accepter ma fortune et ma main; je serais bien heureux si un jour je voyais ma maison remplie d'enfants qui lui ressemblassent.

Aline épousa le riche fermier ; il a eu de superbes enfants, que les Pontoises appellent les fils de Sergines.

Elles ne pardonnent pas à leur voisine d'avoir eu assez de bon sens pour ne pas se mutiler, et de leur avoir ravi le plus beau parti du pays.

L'homme fuit la souffrance,
La femme la craint aussi,
Et pourtant, la faible espérance
De paraître plus belle ainsi,
Dans le corset qui l'emprisonne,
La fait se laisser étouffer,
Et la douleur qu'elle se donne,
L'enlaidit et peut la tuer.

Fuyez ce douloureux martyre :
Vous voulez être belle,
Suivez ce doux désir ;
Et pour que votre sourire appelle

Le bonheur d'aujourd'hui et celui de demain,
Gardez toujours un front serein,
Cela vaut mieux qu'une taille de guêpe.

DES REMÈDES

ET DES MALADIES JOURNALIÈRES.

—

CHAPITRE XI.

Madame Dumaine est une excellente femme; mais quoiqu'elle soit fraîche, qu'elle ait un bon sommeil et un brillant appétit, chaque jour elle annonce une nouvelle maladie. Aujourd'hui elle a la migraine, hier elle avait mal au dos, demain ses yeux seront affaiblis, que sais-je ? toutes les parties de son corps sont endolories; elle déjeune à dix heures toute seule, à midi elle manque d'appétit, mais à quatre heures elle meurt de faim, et à six heures elle ne peut toucher à rien. Elle ennuie, elle irrite et elle se plaint du peu de pitié qu'elle excite.

Un jour qu'elle se désolait, et qu'elle racontait à une sage personne la dureté de son mari, l'indifférence de ses enfants et la froideur de tout le monde, ce monsieur lui répondit : Madame, je vais vous paraître dur aussi, mais je vous dois la vérité. Ecoutez-moi bien et tâchez de me comprendre.

Votre belle-mère est aveugle, c'est bien triste ; eh bien ! quand elle se désole ne trouvez-vous pas que c'est ennuyeux, et qu'elle aggrave son mal que la résignation diminuerait ?

Votre frère est boîteux ; compatissez-vous beaucoup à son infirmité ? non, vous y êtes faite, et ce chagrin il doit se résigner à le supporter seul, personne n'y prend plus garde.

Eh bien ! ma chère dame, il en est ainsi de toutes les souffrances des autres, on trouve étonnant qu'une personne qui est presque toujours malade ne s'habitue pas à son mal. C'est ainsi que l'homme est fait ; si donc vous, vous voulez être plainte, dérobez vos souffrances à votre famille, et seùlement quand vous serez fortement malade, plaignez-vous ; alors vous serez étonnée de tous les soins dont vous serez entourée.

— Mais, monsieur, j'ai besoin de remèdes.

— Vous vous trompez, madame ; quand vous avez une maladie, faites venir le médecin et exécutez l'ordonnance, que le remède soit bon ou mauvais ; mais pour toutes les petites misères, moins on fait de remèdes, mieux on se porte. Si vous êtes échauffée, buvez du lait de beurre, c'est un remède sûr et facile ; si vous avez mal aux nerfs, prenez une infusion de tilleul ; mais croyez-moi, madame, mangez aux heures des autres ; quelle que soit votre faim avant l'heure du repas, attendez.

— Mais, monsieur, vous n'y pensez pas, j'aurais une faiblesse.

— Eh bien ! ayez une faiblesse une fois, le lendemain vous n'en aurez pas, et vous aurez pris l'habitude de manger avec les autres.

Madame Dumaine trouva monsieur Derval bien sec, bien raide; mais elle se dit : Je veux lui prouver que ses remèdes n'ont pas le sens commun, je ne mangerai qu'à midi. Elle avait comme à l'ordinaire fait un premier déjeuner en se levant. Elle dit vingt fois : Je me trouve mal. Monsieur Derval la regardait et lui disait : Non, madame, vous n'avez pas pâli. Alors elle disait : J'attendrai ! elle attendit et n'eut pas de faiblesse. A table elle ne voulait pas manger quoiqu'elle mourût de faim. M. Derval la força. — Allons, lui dit-il, si vous ne mangez pas maintenant, vous mangerez dans une heure et c'est ce que je veux éviter. Madame Dumaine mangea d'abord un peu, et puis la faim se déclara, elle mangea comme tout le monde; à six heures elle avait de l'appétit.

— Maintenant, lui dit M. Derval, que vous dormiez ou que vous ne dormiez pas, n'en parlez pas demain, ne vous plaignez pas,

— Mais si j'ai du mal !

— Souffrez tout bas.

Madame Dumaine eut ce courage; depuis ce temps elle se porte bien comme avant. Certainement elle a souvent de ces petites indispositions qui tiennent à l'humanité, mais elle n'en parle pas, et, en n'en parlant pas, elle les oublie. Quand elle est véritablement malade, son mari, ses enfants sont aux petits soins, elle se trouve très-heureuse et ne cesse de remercier M. Derval. — Mais, lui dit-elle, pourtant j'étais malade?

—Non, ma chère dame, vous vous croyiez malade ; une souffrance n'est pas une maladie; il faut s'habituer á supporter ces petites douleurs physiques et morales, qui forment le fond de la vie humaine; mais il faut se rappeler que personne ne peut sans ennui entendre ces plaintes sur de si petits malheurs.

On est ému d'un grand malheur,
L'on compatit à la douleur,
    Les premiers jours !
Mais on se lasse de constance,

Même en amours,
Et l'on s'ennuie de la souffrance
Presque toujours.

Si vous voulez vous faire aimer
Et désirer,
Oubliez-vous,
Parlez de nous ;
On vantera votre esprit agréable,
On pourra vous trouver aimable,
Vous apaiserez les jaloux,
Mais ne parlez jamais de vous.

Si vous souffrez, que ce soit en silence,
Mais rappelez à l'espérance
Les malheureux.
Calmez leurs douleurs,
Essuyez leurs pleurs
Et ne leur parlez que d'eux.

TABLE.

9 782329 753706